Allitera Verlag

JÜRGEN EGGEBRECHT, geb. 1898 in Baben, Kr. Stendal, veröffentlichte seine ersten Gedichte 1927 in der von Klaus Mann und Willi R. Fehse herausgegebenen »Anthologie jüngster Lyrik«. Nach dem Zweiten Weltkrieg arbeitete er von 1949 bis 1959 in Hannover für die Abteilung Kulturelles Wort des Nordwestdeutschen Rundfunks, später NDR, ab 1953/54 als deren Leiter. Ein Gehirntumor zwang ihn, in den Ruhestand zu gehen. Nach erfolgreicher Operation und mühsamer Wiedererlangung des Sprachvermögens lebte Eggebrecht von 1960 bis zu seinem Tod 1982 in München. Zu Lebzeiten erschienen neben unzähligen Essays, Feuilletons und Rundfunksendungen vier Gedichtbände – *Die Vogelkoje* (1949, Heinrich Ellermann Verlag, Hamburg), *Schwalbensturz* (1956, Suhrkamp Verlag, Frankfurt/M.), *Zeichen in der Nacht* (1962, A. Laumansche Verlagsdruckerei, Dülmen), *Splitterlicht* (1975, Suhrkamp Verlag, Frankfurt/M.) – sowie ein Roman: *Vaters Haus. Huldigung der nördlichen Stämme* (1971, Kurt Desch Verlag, München). Er wurde 1998 unter dem ursprünglich vom Autor gewünschten Titel *Huldigung der nördlichen Stämme* im Nicolai Verlag, Berlin, neu aufgelegt. Die Einführung verfasste Sten Nadolny.

FLORIAN WELLE lebt als Kulturjournalist und Literaturwissenschaftler in München. Im Allitera Verlag ist von ihm erschienen: *»In der Zukunft war ich schon«. Leben für die Literatur. Jürgen Eggebrecht 1898–1982. Mit einem Geleitwort von Harald Eggebrecht* (München 2010).

LYRIK
EDITION
2000

Jürgen Eggebrecht

Weltensaum

Gedichte aus dem Nachlass

Herausgegeben und mit einem Nachwort
von Florian Welle

Allitera Verlag

Weitere Informationen über den Verlag und sein Programm unter:
www.lyrikedition-2000.de

Bibliografische Information der Deutschen Nationalbibliothek
Die Deutsche Nationalbibliothek verzeichnet diese Publikation
in der Deutschen Nationalbibliografie; detaillierte bibliografische
Daten sind im Internet über http://dnb.d-nb.de abrufbar.

März 2010
Allitera Verlag
Ein Verlag der Buch&media GmbH, München
© 2010 Buch&media GmbH, München
Umschlaggestaltung: Buch&media GmbH
Herstellung: Books on Demand GmbH, Norderstedt
Printed in Germany · ISBN 978-3-86906-122-1

Weltensaum

VEXIERBILD

»Guten Tag«, sagst Du.
Mann, ein Mann
geht die
Treppe hinauf,
hell oder dunkel
angestrahlt.
Ihn siehst Du,
Dich selber so
gut wie nicht.

DER HIMMEL

Nacht für Nacht
die Gestirne.

Es runden sich mir
Gedanken.

Hintergründig
sind sie, zu
hoch über
meinem Kopf.

Geburtstag

Es ist spät, aber
nicht zu spät,
Ein- und Ausatmen
zu lernen.

Unter meinem Sessel, auf
dem ich sitze,
rumpelt die U-Bahn
laut.

GEGENWART

Gelärm der
Schiffe hörte ich.
Da flogen Amseln,
Lerchen auf.
Saßnitz lag unten. Der
Kreidefelsen hob sich
heraus. Die Ostsee zog
wogenreich dahin.
Ich muß Jahre hinabsteigen,
um noch die
Freuden der Jugend zu
genießen. Jetzt ist
Oktober. Cosmeen blühen.
Es schimmern dunstige
Umrisse von Rindern
her. Der wilde Wein
färbt sich rot.

REGENPFEIFER

Traurig klingt es,
er pfeift,
wenn der Regen
aufhört, er, der
Künder des Lichts.

LEBENDIGE WELT

Die Kinderjahre
gehen hin.
Wo ist der
Anfang? In ein
Paar überführt,
so wie wir es
hinter uns haben.
Krieg, kein Ende
von Krieg und die
Furcht davor.
Angst versteht sich
von selbst.
Angst haben, kämpfen gegen die
gottverdammte, die
gespenstische Angst.

ERSTER MOBILMACHUNGSTAG

Leicht
zogen die
Freiwilligen zur
Kaserne.
Als sie aus dem
Krieg kamen,
waren sie
nichts mehr wert.

FARBIGKEIT

Blau wäre zu
denken.
Weiß, wie die
Wolke vergeht.
Schwarz:
Tannenwälder um uns.

HOLZTREPPE

Runde Holztreppe nach
oben. Ein
Mädchen mit
rauschendem Rock
steigt hinauf.

Mit einem
Leuchter in der
Hand kommt ihr die
Angst. Aber die
Kerze flackert nicht.

ATTIKA

Athene, furchterregende
Göttin, greift das
Land mit Vorsicht an.

Ohrläppchen durch-
sticht sie,
setzt den Mädchen
zwei schimmernde
Perlen ein und
blickt zurück mit
lidlosen Augen.

200. Geburtstag von Lessing

Weisheit kalkweiss.
Es murmelt die
Welt.

Drüben am
hohen Himmel
fliegen nach
Norden Reiher.
Fenster spüren die
Kraft wuchernden Weins.
Pappeln rauschen. Die
Esche klingt still.

DICHTGESCHLOSSENES FELD

Wenn Du mit einer
Sache verwachsen bist,
fallen Dir die
kommenden Zustände leicht.

Scharfen Auges, müßte man
sagen, – Adlerblick, Liebesblick,
mit ihnen siehst Du in die
Pferderennen der Zukunft.

Antiquariat

Schwarten, Kupferstiche,
verstümmelte
Gipsfiguren
haben sich
verabredet.

Ereignisse,
Zufälle treten ohne
Absicht hervor,
als seien sie
immer so
gewollt.
Anderes zu
denken, ist
nicht erlaubt.

O Welt

Die Bäume sind
Mädchen. Wer
würde sie schelten,
die weißen, die bunten?

In grünen Gewändern
pappelt sich's fort.

Riesige Wellen

Klax von
Nußschale auf
weitem Meer.
Oft gnadenlose
Verhältnisse:
Erschöpfung der
Nacht braucht Schlaf.
Wenn es gut geht,
liegen die
Inseln unter dem Wind.

NIEDRIGER

Dach der Welt:
»Pamir« heißt es,
Pamirs Schwarm.
Jetzt sind
Dohlen da,
Bergdohlen,
fünfhundert
Meter unter mir.

BESTÄTIGUNG

Wolken türmen sich.
Die einem eigentümliche
Sprache kommt am
Abend daher, wie man
am Morgen geäußert hat:
Es geht ganz nach
meinem Ermessen!

Zu spät entschließt
sich der Tag, daß
Wirklichkeit und
Phantasie zusammen den
Entschluß fassen,
was einfach »heute« ist.

Links oben

Wieviel Brei, Gemüse,
Fleisch hat er im
Verein seiner
Brüder gekaut,
zerkleinert, mir für die
Speiseröhre mit Speichel
durchmischt. Das
alles ist ihm zu
verdanken! Den
Bügel der 3.
Zähne hat er
auch gehalten. Jetzt
muß ich
natürlich zum Arzt.

Zauberei

Farbig die
Wiedergaben.
Antennen sind
gerichtet. Es
funktioniert das
Bild.

»Panta rhei«
Heraklit von Ephesos, um 500 v. Chr.

Aber nun komm!
Denken erhält die
Welt. Sie wird
geprüft nach
menschlichem Ermessen.
Sie sei würdelos, hört man,
die doch so würdig ist.

Tag verschwindet in
Finsterniß.
Brunnen rauschen.
Wasser treten hervor.

MITTERNACHT

Baum um
Mitternacht wird Traum.

Zusammenschluß der
Lüfte spürt er,

Meer der
Winde! In ihm
spielt jeder Ast.

UNAUSROTTBAR

Sollten unsere
Tage nicht wie
Blumen sein?
In stetigem Wechsel
folgen die
Jahreszeiten. Ein
köstlich frohes Licht
leuchtet Dir
wieder, wenn auch
unbekannt Menschen sind,
die nach uns kommen,
angelegt zum Schmerz, zur
Freude. Der
Tausch ist still.

Anders

Baumschatten
entbehren wir freilich.

Alles zu wissen,
ist uns vorbehalten.

Dem Monde zu
fliegen wir.
Aber das Sirren der Libellen
ist am Ende
unerklärlich. Tiere, von ganz
anderer Art.

Fra Angelico

Leicht gehörnte
Gesichter in
offener Kemenate.
Blondhaarig beide.
Die Flügel des
Engels sind
zusammengefaltet.
Er verkündet
Maria Freude. Sie
hört ihm
gespannt zu, aber sie
versteht kein Wort.

GROSSE PAUSE

Letzter April. Der
Monat war
einfach zu regnerisch.
Es gab auch
kalten Sturm.
Ständig
Hiobsbotschaften:
Flugzeugabstürze,
iranische Geiselaffäre in
diesem unbarmherzigen
Geschäft, das man
Regieren nennt.

Erster Mobilmachungstag

Gras, Gras, weitauseinandergeschrieben.
Ich bin das Gras.
Gegen Abend geht der
Schrei unter.
Die Wälder
umstellen das Wild.
Es entflieht.
Aber wie ein Echo vernehme ich ihn,
so als gäbe es ihn noch.

WOLKENKUCKUCKSHEIM

Dies ist's.
Was: dies?
Nebel verschwinden ohne
Aufhebens im Blau:
Nimmermehr
kräht dort der Hahn

Der Soldat

Wo bleibt er?
Wo zielt er hin?
Eine Fülle
von Fragen.

Aus einer Kuhle
steht er auf.
Dächer prasseln
auf ihn herab.

Er denkt den
Traum zu
Ende, das vorsintflutlich
brave alte Schaf.

UNSERE HOFFNUNG

Wären wir aber
heute bereit, das
Schicksal zu
lieben als
Elysium und
einfach da zu sein?

Grausige Zeiten haben
wir durchlebt,
Hitler, und ich die
Hälfte des Krieges vorher.

Nicht Perlmut,
nicht Muschel und
Koralle waren
unser Teil.

Verlassen

Wind wischt hin über
weißen Strand.
Kahl sind, ganz
leer die Sträucher.

Möwen fliegen,
meerwärts rudernd, mit
schnittigen Schwingen.

Du hörst den
Aufprall des
Wassers, das
Sinken, das
Wiederaufleben –
mehr nicht.

Was aber sonst?

In der Ferne ein
Vogel.
Klagen, Erinnerungen
nicht mehr zu
verfolgender Schatten.

Jahr um Jahr
geht dahin.
Trümmerbedeckter
blauer Stern.

TANNENZAPFEN

Breitästige Pinie
saust abermals,
wird dann still. Kein
Wort will ich darüber
sagen! Ich
überlasse es der
Welt, ob sie sich
fortzusetzen
gedenkt.
Die Zukunft und sie
müssen einer
Meinung sein.

WALDZELL ENTFLAMMT

Große Dinge!
Nichts geschieht.

Eingeschüchtert vom
Rauschen der Bäume,
Rieseln der Quellen,
den Winden aus Süd,
taumelt alles vorbei.

JULI

Winter hat im
Sommer angefangen. Die
kalten Tage sind so
scheußlich wie wahr.
Man wartet den
Vogelflug ab,
obwohl noch der
Kuckuck ruft.

HÄLFTE DES TAGES

Morgens beginnt das
Spiel mit den
Blättern. Bis zum
Mittag hin
dauert es fort.

Nicht fraglich

Sie verbiestern sich.

Auf Bahnhöfen ist
Sommer.

An falsche Adressen
werden Brieftauben
geschickt.
Sie fliegen.

Gewiß, ein Zustand,
den mancher kennt.

Fahrten

Die Schönheit
zieht vorbei, die
Wahrheit auch.

Die Reise geht,
von hier nach
dort, von dort nach hier.

Mühldorfs
wartende Enten
stehen in
bleibender Ferne.

So ist's wohl
ständig eingerichtet,
ob Dir's gefällt
oder nicht.

KNEITLINGEN

Ganz leicht,
frei ist der Weg
zu den Menschen
seiner Art.
Das zerbrochne
Glas klirrt.

Der Buchsbaum
umzingelt uns.
Spöttisch erregt ist
Till, Eulen und Spiegel
als Semmeln unter die
Leute zu bringen in
Schöppenstedt, Braunschweig.
Sein Tod, ständig berufen,
macht nichts.

Jean Paul

Schulmeisterlein Wutz, der
Condor, sämtliche
Romane oder andere
Geschichten, die darauf
folgten, wären ein
Witz, wenn Jean Paul
nicht die Wundererscheinungen
des Satzes, eines Wortes im
sonderbarsten Zusammenhang
gehört hätte. Er
ging über Wellen
auf dem Land.

GEIGE

Türme sind
wettergrau. Sie
schwinden dahin.

Schachtelhalme gehen
spazieren.

Bock, in einem Jackett,
stimmt die Geige.

SANFTE BEGIERDE

… wegs, ich bin
immer unterwegs.
Lauernd verhält sich
der schwarze Moritz.
Er dehnt sich,
tanzt förmlich,
gähnt, reckt sich
hoch auf,
schläft ein, um im
Widerspiel des
Traums,
das zu fressen, was er
eigentlich muß,
seine nur zu geschwinde,
wirkliche Maus.

ELFI

Leicht, unsinnigen
Herzens, freudig
fliegt sie mir zu.

Die Eine, die
Liebste hat
weder Strümpfe
noch Schuh.

Jörgs Abreise

Wieder Ferien.
Ein Glück,
meine ich doch,
Ferien, ein
Urlaub vom Ich.

Viel ist gesagt.
Doch zu wenig?
Nicht zu wenig,
wenn man der
Liebe gedenkt.

WANDTEPPICH

Ein Sandsturm hat sich
gelegt. Aus nur geahnter
Jurte der Hirt.

Mit blitzendem Gürtel
jagt Orion an ihm vorbei
in hunderttausend Jahren.

Wüste ringsum. Aber
Grund zum Erzählen.

Nach München

Bayern liegt
weiter südlich,
obwohl hier
Sonne scheint.

Südwärts über die
Rhön sind die
beiden davon.

REGENTAG

Pladdert herab. Die
Regenwolken sind
unübersehbar.
Drossel auf der
gegenüberliegenden
Rinne plustert sich.
Rot ist unser Dach,
quittegelb das Tor!

Louis Boulanger, der Maler

Zärtliche Mädchen
liegen einfach
in der Sonne.

Der einen geht
träumerisch die
ganze Welt in
Ranken und
Gebüsch durch den Kopf.
Die andere ver-
schließt sich in
sich selbst. Die
Romantik
überflügelt sie.

LAWRENCE STERNE
nach Reynolds

Sein schmalfenstriges
Schnupfengesicht ist sehr
pünktlich. Der
gescheite Kopf denkt.
So, zugetan sich
selbst, bricht die
Mächtigkeit der
Seele hervor, daß
sie noch nach
Jahrhunderten glänzt.

UNZERSTÖRBAR

Lessing, dessen
Ehefrau im
Kindbett starb,
kann es, bei
aller Beredsamkeit,
zu sich
selbst nicht mehr sagen.
Entrückt werden,
ist sein Teil. Die
Unsterblichen
holen ihn.

In der Oper

Schön war es, zu
schön, um nicht
Verlangen wachzurufen.
Gulda, der alle Sonaten
spielt, gleicht einem
Wahnsinnigen, der, was in der
Zukunft geschehen soll,
klavieristisch an seinen
Platz setzt. Welche
Sehnsucht nach dem, was
Mozart war!

Neues Kleid

Weiß die Fenster.
Schlohweiß der
Himmel.
Darunter die
seidige Tapete.
Die jappende
Räusperuhr
schlägt 10.
Wo ist das
alles? In
Sekundenschnelle
schießt es vorbei.

ITALIEN

Licht sah ich
nicht als Sterbender.
Dämmerung ging
auseinander, ein
Leuchten schwang mit
wie Mythen des Anfangs,
immer ernsthaftere
Sagen, die endlich für das
Symbolon, den goldenen Ast,
Zeit hatten. Er lag
einfach in allem.
Tausendfältiges Leben
entfaltet sich.
Herbst schaute
gelb herein. Vor
unserem Hauche
fremd, aber
nicht bloß fremd.

SAUERBRUCH,
gemalt vom fünfundachtzigjährigen Max Liebermann

Einsame Kraft der
aufgetanen großen
Augen. Kopf klein,
alt, sehr alt. Nicht
anders ist es,
wie wenn ein
Vogel einen Wurm im
Schnabel hat,
den er, bevor er ihn
verschlingt, viele
Male umdreht.

Ein fader Geschmack,
Geruch nach
Leichen hängt sich ihm an.
Er starrt! Die
Hände gewaschen, ist
sein Mantel weiß.

STRASSE
(Ernst Ludwig Kirchner: Ausstellung im Haus der Kunst)

Männer, ockergebräunt,
kommen in Schwarz von ihren
Geschäften.
Angestrahlt von
Lampenlicht scheint die
Straße rot bis rosa.
Freundinnen, dunkle
Frauen, mit federleichten weißen
Daunen, Schwanenhüten
treffen sich.
Das Bild ist
unruhig, aufgewühlt. Es
weckt uns.

Afrika, ahoi!

Wo Geröllringe die
Quattrocentos ver-
drängen, kommt mir
Flucht in den Sinn:
Fort, nur fort!
Ich würde selbst zu
den Pyramiden gehen,
ein zersäbelter Clown.

VERLAUTBARUNG

Deutsche
Sprache, die wir
besser kennen sollten!
Ach, Sprachen
fremder Länder,
mit ihnen ist es
nicht leicht.
Nur ein
Annäherungswert:
Der Tisch, der
Stuhl steht
vor uns. Das
Wesen ist Mitte.
Wir tun das
Mögliche,
heben ein
Wort hoch,
verbinden es mit dem,
was uns im
Geheimen besitzt.

VORDATIERT

Veränderung zu
dem, was Du
eigentlich meinst!
Diese arg sonderbare
Luftbehelmung,
daß Du der
Ansicht bist, es
sei womöglich
St. Marien zu Greifswald.

Aus der Ferne werden Dir
Pappschachteln
zugeworfen. Du
glaubst, es sei
Apfelgezweig, ist es aber
nicht, ist es wirklich nicht,
sondern nur
harmloser Zukunftsschwund.

Kein Geheimnis

Um zum
nächsten Satz zu
kommen, braucht es
Wörter,
vollgültige oder
nur im Anhauch
gesagte, jedenfalls
einen Prießnitzumschlag
freien, ironischen
Sprechens.
Was sonst?

PFAU

Wörter sind im
Wort. Es geht zu
Ende, wenn nichts
mehr folgt.

Die schönen Tage im
Dezember nimm
wahr!

Der Turm ragt
hinein in die
blaue Pracht,
umflügelt von
blitzenden Tauben.
Mit seinen
ausgebreiteten
Halbmondfedern,
wenn du über den
Kirchplatz gehst,
prunkt der Pfau.

Helle Nacht

Doppelte Fenster,
Eis davor.
Licht dahinter,
viel Licht in
der hellen Winternacht.

G. V. D. VRING

Kühn, das
Kinn voraus!
Die weißen
Haare beflügeln
Lüfte. Im
breiten Mund
steckt eine
starre Pfeife, von
leichter Hand
geführt.

Hoch ist die
Stirn,
hinblitzende Augen,
von knappen
Bogen überwölbt.
Sehschärfe steigert die
Brille. Ein
Jäger blickt hinaus.

Dicht um seinen
Hals herum der
streng gesprenkelte Schlips.
Ein dunkelroter
Rahmen umschließt das Alles.

Vierte Jahreszeit

Drei Streifen aus
Schnee. Der
Winter dauert lang.
Platane, Birke
sind noch
ohne Blut.

PASS

Wichtiges laß aus,
aber das
Allerwichtigste nicht:
Die Geduld.

Facit

Mit zwei oder
mehreren Unbekannten
rechnen täte gut.

Das Vorher schreiben
wir ab.
Zahlen hinter dem
Komma sind gleich Null.

Ein Mensch gewesen
zu sein reicht.

ANKÖMMLING

Der Frühling kommt.
Ist nicht da.
Wird aber kommen.

Sausewind bringt ihn her,
Ist voller Respekt.

München, den 30. März 1982

Jeden Tag ein Gedicht
Zu Jürgen Eggebrechts »Weltensaum«

Spätestens seit dem Ende des Zweiten Weltkriegs pflegte Jürgen Eggebrecht seine Gedichte säuberlich in eigens dafür angelegte Notizbücher im Pocketformat zu übertragen, nachdem er ihre Vorstufen auf alle griffbereiten Unterlagen kritzelte: auf erhaltene Briefe und deren Umschläge, auf herumfliegende Zettel ebenso wie auf herumliegende Deckel aus Pappe. Am Ende eines jeden Gedichts notierte er sodann Ort und Datum seiner Entstehung. Diese Eigenart erlaubt es uns heute anzugeben, wann all jene Gedichte entstanden sind, die in die vier zu Lebzeiten erschienenen Lyrikbände Eingang gefunden haben. Die vom Autor selbst vorgenommene Datierung macht auch deutlich, welche Monate und Jahre lyrisch besonders produktiv waren; und welche weniger oder gar nicht. Nun wäre dies, für sich betrachtet, noch nichts Außergewöhnliches, nichts worüber man bei einem Dichter viele Worte verlieren müsste, wenn uns diese Kladden nicht offenbaren würden, dass Eggebrecht ab dem Frühjahr des Jahres 1979 seine Lyrik mit bis dahin nicht gekannter Konsequenz einer neuen Bestimmung zugeführt hat: Sie ersetzt dem damals 80jährigen das klassische Tagebuch. Ab dem 26. April 1979 bis zum 30. März 1982, dem Datum seiner allerletzten Zeilen, schreibt er jeden Tag ein Gedicht. Dann verlassen ihn, der soeben noch mit Verve den herannahenden Frühling beschworen hatte, die Kräfte. Die Hand kann den Kugelschreiber nicht mehr halten. Eggebrecht stirbt am 19. April 1982 an Herzversagen.

Das lyrische Tagebuch füllt insgesamt sechs Notizbücher, fünf davon in saftigem Grün. Aus ihnen versammelt der vorliegende Band 65 Gedichte. Ihre Anordnung folgt keiner Chronologie, weswegen auch, sieht man von dem letzten Gedicht »Ankömmling« ab, auf die Datumsangaben verzichtet worden ist. Und trotzdem schimmert in der Auswahl stets der Tagebuchcharakter durch, etwa wenn Eggebrecht auf das Wetter zu sprechen kommt. Oder auf einen Zahn, der ihm gerade Schmerzen bereitet. Er schaut aus dem Fenster, und je nachdem, ob er sich in seiner Wohnung in München-Schwabing oder in Warberg, auf seinem idyllisch gelegenen Hof aus dem 18. Jahrhundert, oder auf Reisen befindet, ändert sich der Klang der Zeilen. Eggebrecht ist gleichermaßen ein Augen- wie ein Ohrenmensch. Schon Jahrzehnte zuvor notierte er: »Es ist ein Summton in allem, in Wasser, Feuer und Gebüsch, auch in allem Anorganischen. Dieser Ton hat die Kraft von Denken, Gedanken und Da-Sein. Wer hörte, wer spürte es nicht? Gescheiterte wissen darum.«

Oder er sieht von seinem Schreibtisch auf und mustert das Arbeitszimmer. Dabei kann der Blick auf eine Büste Lessings fallen oder auf ein Foto von Georg von der Vring, dem 1968 in die Isar gegangenen Lyrikerfreund. Eggebrecht gestaltet niemals Idyllen, immer schwingt Bedenken in den um äußerste Präzision bemühten Worten mit, wenn nicht gar pure Angst, die noch aus fernen Jugendzeiten herrührt und ihn doch zeitlebens nicht mehr losgelassen hat. Als 18jähriger nahm er am Ersten Weltkrieg teil, erlitt einen Bauchschuss. Weniger Glück hatte sein älterer Bruder Gottfried, der nicht mehr aus den Schützengräben heimgekehrt ist. Die Gedichte »Erster Mobilmachungstag«, die er, historisch korrekt, immer am 2. August eines jeden Jahres verfasste, erinnern an die Urkatastrophe des 20. Jahrhunderts. »Erinnern, Wiederholen, Durcharbeiten« heißt ein Aufsatz von Sigmund Freud. Er bringt das nicht geheuere Geschäft, das Eggebrecht Tag für Tag betreibt, auf den Punkt. »Das Gedicht brennt die Angst fort und bleibt eine Chiffre«, so hatte er schon in den fünfziger Jahren in dem Text »Du und das Gedicht« die Arbeit des Poeten beschrieben.

Ende der fünfziger Jahre wird Eggebrecht in Hamburg ein kastaniengroßer Tumor aus dem Schädel entfernt. Er drückte auf das Sprachzentrum. Er, der gewohnt war, eloquent zu parlieren, verdrehte Wörter und Sätze, bis er sie schließlich ganz verlor. Mühsam erlernte er nach der Operation wieder das Sprechen. Eine Schockerfahrung, die sich widerspiegelt im Ringen um das angemessene Wort für das, was die Sinnesorgane einem ohne Unterlass zuspielen. Was in den stark liedhaft geprägten Nachkriegsgedichten latent vorhanden war, nämlich die Tendenz zur Verknappung und Aussparung des Ausdrucks, sie bricht sich durch die Krankheit Bahn – Eggebrecht liebte schon immer das japanische Haiku. Die »Splitterlicht«-Gedichte von 1975, knapp, hart und befreit von Zierrat, zeigen das. Die Gedichte aus den letzten drei Lebensjahren gehen den eingeschlagenen Weg konsequent weiter. Aus ihnen spricht die Einsicht, dass der Fülle der Welt nur durch eine immer weitere Auszehrung der Sprache beizukommen ist. Annähernd. Denn was man eigentlich meint, schlägt sich zu guter Letzt immer wieder in die Büsche. Wie sollte es auch anders sein, wenn sogar die Heilige Maria kein Wort versteht.

Eggebrecht wartet in seinem Spätwerk mit einem neuen Themengebiet auf. Neben Natur, Memoria und Sprache versucht er Werken der Kunstgeschichte so nahe wie möglich zu kommen. In einer lyrischen Doppelbewegung geht es um die Beschreibung des Offensichtlichen und gleichzeitig um die Emotion, die das Gesehene auslöst. Aus dem Kunstbild wird das Wortbild. Ob es am Ende funktioniert, ist jeden Morgen, Mittag und Abend aufs Neue die Frage. Im gelungenen Fall, d.h. wenn die Antennen richtig positioniert waren, gleicht es Zauberei. »Das Gedicht war vorher da und wird nachher da sein, was so viel heißt wie vor der Erschaffung und nach dem Untergang der Welt, übrigens nicht nur unserer Welt.«

Florian Welle

Editorische Notiz

Die Gedichte *Bestätigung* (S. 23), *Erster Mobilmachungstag* (S. 32), *Der Soldat* (S. 34), *Was aber sonst?* (S. 37), *Tannenzapfen* (S. 38), *Fahrten* (S. 43), *Lawrence Sterne nach Reynolds* (S. 54), *Sauerbruch, gemalt vom fünfundachtzigjährigen Max Liebermann* (S. 59), *Kein Geheimnis* (S. 64), *Pfau* (S. 65) und *Facit* (S. 70) sind erschienen in: Bernt Engelmann (Hg.), Bestandsaufnahme. V. Schriftstellerkongreß VS. München 1980, S. 44–51.

Alle anderen Gedichte stammen aus dem Nachlass Jürgen Eggebrecht in der *Monacensia – Literaturarchiv und Bibliothek*, und sind unveröffentlicht.

INHALT

Vexierbild · 7
Der Himmel · 8
Geburtstag · 9
Gegenwart · 10
Regenpfeifer · 11
Lebendige Welt · 12
Erster Mobilmachungstag · 13
Farbigkeit · 14
Holztreppe · 15
Attika · 16
200. Geburtstag von Lessing · 17
Dichtgeschlossenes Feld · 18
Antiquariat · 19
O Welt · 20
Riesige Wellen · 21
Niedriger · 22
Bestätigung · 23
Links oben · 24
Zauberei · 25
»Panta rhei« · 26
Mitternacht · 27
Unausrottbar · 28
Anders · 29
Fra Angelico · 30
Große Pause · 31
Erster Mobilmachungstag · 32
Wolkenkuckucksheim · 33
Der Soldat · 34
Unsere Hoffnung · 35
Verlassen · 36
Was aber sonst? · 37
Tannenzapfen · 38
Waldzell entflammt · 39
Juli · 40

Hälfte des Tages · 41
Nicht fraglich · 42
Fahrten · 43
Kneitlingen · 44
Jean Paul · 45
Geige · 46
Sanfte Begierde · 47
Elfi · 48
Jörgs Abreise · 49
Wandteppich · 50
Nach München · 51
Regentag · 52
Louis Boulanger, der Maler · 53
Lawrence Sterne · 54
Unzerstörbar · 55
In der Oper · 56
Neues Kleid · 57
Italien · 58
Sauerbruch · 59
Straße · 60
Afrika, ahoi! · 61
Verlautbarung · 62
Vordatiert · 63
Kein Geheimnis · 64
Pfau · 65
Helle Nacht · 66
G. v. d. Vring · 67
Vierte Jahreszeit · 68
Pass · 69
Facit · 70
Ankömmling · 71

Jeden Tag ein Gedicht · 73
Editorische Notiz · 76